LA PIEDRECITA DORMILONA Y OTROS CUENTOS

HISTORIAS RELAJANTES DE BUENAS NOCHES

Papel certificado por el Forest Stewardship Council®

Título original: *The Sleepy Pebble and other Stories*
Primera edición publicada en 2019 por Flying Eye Books, un sello de Nobrow Ltd.
27 Westgate Street, London E8 3RL

Primera edición: abril 2020

© 2019, Professor Alice Gregory y Christy Kirkpatrick, por el texto
© 2019, Eleanor Hardiman, por las ilustraciones
© 2020, Penguin Random House Grupo Editorial, S. A. U.
Travessera de Gràcia, 47-49. 08021 Barcelona
© 2020, Sara Cano Fernández, por la traducción

Penguin Random House Grupo Editorial apoya la protección del *copyright*. El *copyright* estimula la creatividad, defiende la diversidad en el ámbito de las ideas y el conocimiento, promueve la libre expresión y favorece una cultura viva. Gracias por comprar una edición autorizada de este libro y por respetar las leyes del *copyright* al no reproducir, escanear ni distribuir ninguna parte de esta obra por ningún medio sin permiso. Al hacerlo está respaldando a los autores y permitiendo que PRHGE continúe publicando libros para todos los lectores. Diríjase a CEDRO (Centro Español de Derechos Reprográficos, http://www.cedro.org) si necesita fotocopiar o escanear algún fragmento de esta obra.

Printed in Spain
Impreso en España

ISBN: 978-84-488-5507-9
Depósito legal: B-4134-2020

Diseño: Bia Melo
Maquetación: Adosaguas Contenidos Multiplataforma
Impreso en Talleres Gráficos Soler, S. A.

BE 5 5 0 7 A

Penguin
Random House
Grupo Editorial

LA PIEDRECITA DORMILONA
Y OTROS CUENTOS
HISTORIAS RELAJANTES DE BUENAS NOCHES

Escrito por Alice Gregory *y* Christy Kirkpatrick
Ilustrado por Eleanor Hardiman
Traducción de Sara Cano Fernández

ÍNDICE

Presentación para adultos 10

¿Me servirá este libro? 12

Cómo usar este libro 13

La piedrecita dormilona 15
Un cuento sobre rutinas para irse a la cama

El arbolito que no quería acostarse temprano 27
Un cuento sobre irse pronto a la cama

La jirafa a la que le gustaba bañarse 39
Un cuento sobre cómo relajarse antes de meterse en la cama

El caracolito que siempre estaba cansado 51
Un cuento sobre el entorno del sueño

El cerdito que necesitaba dormir 63
Un cuento sobre los beneficios del sueño

Consejos para dormir mejor y más relajadamente 75

Preguntas y respuestas 81

Agradecimientos 87

Sobre las autoras 91

PRESENTACIÓN PARA ADULTOS

Muchas familias establecen una rutina para la hora de irse a dormir que, probablemente, incluye baño y cuento. Después, los adultos apagamos la luz y esperamos que los niños se queden dormidos. Es justo en ese momento, cuando esperamos que se calmen y se duerman, que las cosas se tuercen. Nuestros niños nos dirán que no quieren ir a dormir. Tal vez nos pidan más cuentos o se pongan a hablar de lo que tengan en ese momento en la cabeza. No es raro que nos irritemos. ¿Cómo es posible que no tengan sueño, después del día que han pasado, cuando hace ya un buen rato que deberían estar durmiendo, y cuando nosotros mismos estamos agotados?

Una posibilidad es que nuestros niños estén cansados, pero también excitados, en un estado de alerta física y mental que hace que reaccionen ante cualquier estímulo. Tal vez acaben de escuchar una emocionante historia sobre un viaje en una montaña rusa y se estén imaginando dando vueltas a toda velocidad. Tal vez se rían recordando las cosquillas con las que se divirtieron un rato antes. Normal que no se puedan dormir: un alto nivel de excitación es incompatible con el sueño. Pero, con un poco de ayuda, pueden ir relajándose y cayendo en un estado más propicio para el sueño.

¿Qué podría ayudar?
La piedrecita dormilona y otros cuentos es una antología diseñada para ayudar a los niños a relajarse antes de irse a dormir. Está llena de técnicas útiles enmarcadas en relatos relajantes y tranquilizadores. Cada cuento comprende tres elementos: uso de la imaginación, relajación muscular y mindfulness.

Uso de la imaginación
El uso de la imaginación ayuda a los niños a crear espacio en sus mentes. Se les anima a que piensen en una escena con multitud de detalles (por ejemplo, en los sonidos y olores que pueden encontrar en ella). En estudios realizados a adultos con insomnio se ha comprobado que aquellos a quienes se les pide que imaginen una escena con gran cantidad de detalles se duermen antes que aquellos que no reciben instrucciones. En los colegios a veces también se recurre al uso de la imaginación para ayudar a los niños a relajarse. Esta técnica podría ser útil porque la mente ocupa «el espacio cognitivo» en crear una imagen y no deja lugar a los pensamientos que podrían mantener a los niños despiertos.

Relajación muscular

La relajación muscular progresiva consiste en tensar y posteriormente relajar diferentes tipos de músculos. Ayuda a los niños a identificar la diferencia entre estar tensos y estar relajados. En un artículo de la Academia Americana de la Medicina del Sueño acerca del tratamiento no farmacológico de adultos con insomnio crónico se concluye que la relajación muscular progresiva es un método que funciona. También se ha usado con niños. Hemos desarrollado una breve versión de esta pauta para poder usarla en el contexto de los cuentos.

Mindfulness

El mindfulness consiste en «estar en el momento presente» sin juzgar. Esto implica ser consciente de tres cosas: nuestras sensaciones corporales, los pensamientos que se nos ocurren y el entorno en el que nos encontramos, como por ejemplo notar la temperatura del aire o percibir los sonidos que nos rodean. Sin embargo, el mindfulness no solo consiste en prestar atención al momento presente, sino que es muy importante saber cómo prestamos esa atención. El mindfulness implica tener conciencia de lo que está pasando con apertura, curiosidad, autocompasión y claridad. Prestar atención con una actitud errónea —por ejemplo, criticando o estresándose por lo que está pasando—, no es de mucha ayuda. Mayores niveles de mindfulness se asocian a una mejor calidad de sueño tanto en niños como en adultos, y esta técnica se suele usar en terapias diseñadas para mejorar el sueño en los adultos (como la terapia de comportamiento cognitivo para tratar el insomnio). A veces se aplica también en entornos escolares para mejorar el bienestar. Hay muchos motivos por los que el mindfulness puede ayudar a los niños a dormirse, por ejemplo, su capacidad para reducir la ansiedad y relajar el cuerpo, que puede tener una consecuencia positiva en el sueño.

¿ME SERVIRÁ ESTE LIBRO?

En los años que hemos tardado en desarrollar este libro hemos consultado mucha literatura científica. También hemos compartido con otros expertos en sueño, psicólogos, expertos en mindfulness, padres y niños nuestras ideas y hemos enviado a mucha gente los primeros borradores del libro. De todos ellos hemos recibido muchos comentarios. También llevamos a cabo un pequeño estudio piloto en el que invitamos a participar a 100 familias (todas con al menos un hijo de edades comprendidas entre los 3 y los 11 años). Pedimos a las familias que leyeran un cuento (un primer borrador de *La piedrecita dormilona*) durante tres noches consecutivas. Tras ese periodo, los animamos a que completaran un cuestionario para ofrecernos comentarios sobre muchos aspectos de la historia, como ejemplo, su extensión, y si consideraban que debería ser ilustrada. Respondieron setenta de los adultos que participaron en el estudio. Formulamos muchas preguntas, pero a una de las preguntas clave («¿En general, ¿qué efecto considera que el cuento ha podido tener en el descanso de su hijo?») los padres respondieron que para 80 de los 104 niños (77%) el cuento había tenido un efecto «muy positivo» o «relativamente positivo»*. También señalaron las partes en las que podía mejorar (como añadir ilustraciones e información para los adultos que leen el cuento). Este libro se ha adaptado siguiendo sus comentarios. Haber tenido una retroalimentación positiva no implica necesariamente que este libro funcione para todos los niños. Cada niño es un mundo, y lo que a uno le funciona no tiene por qué funcionarle a otro. Recomendamos incluir su lectura en la rutina de antes de acostarse y os animamos a usar solo las partes que resulten apropiadas para vuestros hijos. En caso de niños con problemas de salud física o mental, se debe consultar a un cuidador antes de emplear las técnicas sugeridas en este libro.

---

*Los progenitores también informaron de que el libro no tuvo aparentemente ningún efecto en 21 de 104 niños (20%); y para 3 de 104 (3%) tuvo aparentemente un efecto ligeramente/extremadamente negativo o bien no comentaron. Nuestra investigación tenía ciertas limitaciones (no había muestra de control y usamos informes de retrospectiva subjetiva. El reclutamiento de los candidatos se efectuó por redes sociales, lo que implica que algunos participantes conocían a las autoras). A pesar de ello, en general los resultados fueron prometedores.

CÓMO USAR ESTE LIBRO

Antes de comenzar la lectura de estos cuentos convendría leer los consejos que encontraréis al final del libro para crear un entorno apropiado. Recomendamos que cada noche elijáis una historia distinta y que sea la última que se le lea a vuestro hijo antes de que se vaya a dormir. Cuando llegue el momento de la lectura, pedidle que no hable y que, si le apetece, cierre los ojos. Intentad que vuestro tono de voz sea relajante y tranquilizador, y leed el cuento lentamente y con calma. Las novedades pueden ser emocionantes, así que cuando le presentéis a vuestro hijo un cuento por primera vez tal vez no surta el efecto deseado. Tal vez le emocione la noción de un libro nuevo y quiera interactuar con él. Por favor, que esto no os preocupe. Cuando leáis el libro por primera vez, animadle a mirarlo y contestad cualquier pregunta que pueda surgirle. Explicadle que es un libro un poco distinto a los que está acostumbrado y que os gustaría que se quedara calladito y tranquilo mientras escucha los cuentos del libro «para dormir». Con suerte, cuando haya pasado la novedad, los cuentos le ayudarán a relajarse antes de dormirse. Tal vez os sea de utilidad leer el apartado Preguntas y respuestas, de la página 79, para tener un mayor manejo del libro a la hora de usarlo. Cuando hayáis terminado de contar el cuento, mantened la luz tenue y salid del dormitorio para que vuestro hijo pueda dormirse. Os deseamos una noche tranquila.

Professor Alice Gregory
Christy Kirkpatrick

Un cuento sobre rutinas para irse a la cama
LA PIEDRECITA DORMILONA

Piedrecita despierta, como todas las mañanas, acurrucadita y protegida en su lecho marino. Abre primero un ojo y luego el otro. Bosteza y se despereza, se despereza y bosteza. Se frota los ojitos con sueño y disfruta de sentirse cómoda y calentita. Piensa en el día que le espera.

Vamos a pensar en Piedrecita.

USO DE LA IMAGINACIÓN

Lo más calladito que puedas, piensa en Piedrecita en el lecho marino. Intenta imaginártela bostezando y desperezándose, desperezándose y bostezando.

Piensa en Piedrecita en el lecho marino. Quédate quieto y tranquilo y piensa en el lecho marino en el que está. Imagina una manta, o unas algas muy gorditas que la mantienen calentita.

Sin hablar, ahora ve un poco más allá del lecho marino e imagina el agua transparente.

Imagina las olas ondulando el mar. Escucha el sonido de las olas.

Escucha con atención.

Piedrecita suele pasar la mañana jugando con sus hermanos y hermanas, pero hoy tiene ganas de algo distinto.

Desayuna, se cepilla los dientes y sale afuera.

—¿Quieres acompañarnos, Piedrecita? —le preguntan sus hermanos y hermanas—. Estamos jugando al escondite. Nos escondemos y nos asomamos, nos asomamos y nos escondemos.

A Piedrecita le encanta el escondite. Cualquier otro día, los habría acompañado, pero hoy tiene ganas de algo diferente.

—Gracias, pero no —responde—. Me apetece algo distinto.

Piedrecita les dice adiós con la cabeza y sigue por su camino.

Pasado un rato, Piedrecita ve a sus amigos, bailando y meneándose, meneándose y bailando.

—¿Quieres acompañarnos, Piedrecita? —le preguntan sus amigos, llamándola—. Estamos practicando los pasos de nuestra coreografía para el Gran Baile de las Piedras.

A Piedrecita le encanta bailar. Cualquier otro día, los habría acompañado, pero hoy no.

—No, gracias —responde—. Voy a vivir una aventura.

Piedrecita les dice adiós con la cabeza y sigue por su camino.

Pasado un rato, Piedrecita ve un banco de peces que pasa junto a ella nadando sin hacer ruido.

—¿Quieres venir con nosotros? —le preguntan los peces—. Vamos a explorar el mar. Vamos buceando y chapoteando, chapoteando y buceando.

Piedrecita sonríe.

«Me apetece hacer algo distinto —piensa—, y esto es distinto».

—Sí, por favor —dice, y un pececillo dorado deja que Piedrecita se suba a su espalda.

A Piedrecita le encanta nadar con los peces. Ve peces grandes y pequeños, rojos y verdes, plateados y dorados. Escucha el suave parloteo de los animales marinos y disfruta de la sensación fría del mar contra ella.

—¡Esto es muy divertido! —dice Piedrecita, y sus nuevos amigos están de acuerdo. Han pasado un día estupendo explorando juntos el mar y todas las cosas que ofrece.

El pececillo más joven del banco empieza a bostezar. Va siendo hora de regresar a casa.

—¿Dónde vives, Piedrecita? —pregunta el pez—. Te puedo llevar, si quieres.

Piedrecita empieza a sentirse cansada. Quiere irse a casa.

Ayudemos a Piedrecita a volver a su lecho en el fondo del océano.

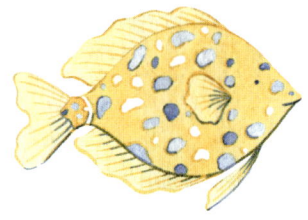

RELAJACIÓN MUSCULAR

Imagina que tienes a Piedrecita en la mano y que cada vez que la aprietas, la estás empujando hacia su casa.

Para que esto funcione, es importante que estés muy calladito. No hables y quédate quieto. Todo lo callado y quieto que puedas estar.

Ahora escucha. Imagínate que tienes a Piedrecita en la palma de la mano. Aprieta a Piedrecita tan fuerte como puedas. Así, sigue apretando. Ahora relaja la mano.

Inspira muy hondo por la nariz y deja salir el aire. Inspira hondo... y deja salir el aire. Relájate durante cinco, cuatro, tres, dos, uno. Siente lo adormilada que tienes ahora mismo la mano.

Ahora imagínate que tienes a Piedrecita en la otra mano. Recuerda que tienes que estar lo más quietecito que puedas para que los apretones funcionen. Aprieta a Piedrecita lo más fuerte que puedas. Así, sigue apretando. Ahora, relaja la mano. Inspira hondo y suelta el aire muy despacito. Relájate en cinco, cuatro, tres, dos, uno. Siente lo adormilada que tienes la mano ahora mismo.

Ahora imagina que Piedrecita está debajo de tu pie, justo bajo los dedos. Contrae el pie. Así, sigue apretando. Ahora, relájalo.

Inspira hondo... y suelta el aire... Relájate en cinco, cuatro, tres, dos, uno. Ahora siente lo relajado que tienes el pie.

Ahora vamos con el otro pie. Apriétalo. Así, sigue apretando. Ahora, relájalo. Inspira hondo y suelta el aire despacio. Relájate en cinco, cuatro, tres, dos, uno. Ahora siente lo relajado que tienes el pie.

Por último, imagina que eres Piedrecita y contrae el cuerpo entero. Sigue apretando y luego relaja todo el cuerpo.

Inspira hondo y... suelta el aire despacio. Relájate en cinco, cuatro, tres, dos, uno. Ahora siente lo relajado que tienes todo el cuerpo.

Bien hecho. Piedrecita está en casa, sana y salva. Ahora se nota muy cansada.

Piedrecita cena algo y luego se lava los dientes. Va al lecho marino y se acuesta. Se siente segura, acurrucadita y relajada.

Piedrecita bosteza y se despereza, se despereza y bosteza. Cierra un ojo primero y luego el otro. Disfruta de sentirse quieta y calentita. Entonces su madre y su padre vienen a leerle una historia y a darle las buenas noches.

—¿Te ha gustado hacer algo distinto? —le pregunta su madre.

—Sí —dice Piedrecita—. A veces está bien probar cosas nuevas.

—Es verdad —coincide su madre—. Has hecho muy bien siendo valiente e intentando algo nuevo.

Piedrecita se tapa con la manta hasta la barbilla y está muy contenta de sentirse cómoda y segura en su cama.

—Me gusta hacer cosas distintas —dice Piedrecita—, pero a veces, cuando me voy a dormir, me gusta hacer las cosas de siempre.

—A mí también —dice su padre con ternura.

—Cuando me voy a dormir —dice Piedrecita, pensativa—, me gusta hacer siempre las mismas cosas.

Su madre está de acuerdo. Le da a Piedrecita un beso de buenas noches y sale de la habitación para que Piedrecita pueda dormirse, como todas las noches, cómoda y a salvo en su camita del lecho marino.

MINDFULNESS

Ahora ha llegado el momento de que tú cierres los ojos. En los próximos minutos te vas a relajar y vas a estar a gusto en un lugar acogedor, igual que Piedrecita en su lecho marino.

Intenta ponerte cómodo.

Elige una postura en la que te sientas relajado. Puedes tumbarte de lado o de espaldas. Así, ponte muy cómodo en la cama y relájate.

Apoya la cabeza en la almohada. Piensa en cómo sientes la almohada bajo la cabeza. No hables, pero tómate un momento para darte cuenta de lo que está pasando aquí y ahora. No hay maneras peores ni mejores de sentirse.

Así, calladito, piensa si tienes frío o calor.

Ahora vamos a pensar en cómo respiras. Quizá notes el aire entrando por tu nariz cuando respiras, o que se te hincha la tripa como un globo y luego se desinfla.

Inspira hondo.
Ahora suelta el aire despacio.
Inspira hondo.
Suéltalo.
Inspira hondo...
y suelta el aire despacio.
Inspira... y suelta el aire.

Muy quietecito, fíjate en cómo notas los brazos. Puede que los notes cansados, o tal vez relajados. Ninguna cosa es mejor que la otra.

Sin moverte, piensa con atención en cómo notas las piernas. Quizá las notes cansadas de correr y moverte todo el día, o tal vez las notes descansadas.

Piensa en lo que está pasando aquí y ahora. Siente el aire entrando en tu tripa y volviendo a salir.

Inspira hondo...
y suelta el aire despacio.
Inspira... y suelta el aire.

Ahora, cuando sientas que estás listo, puedes dormirte.

Buenas noches, piedrecita dormilona.

Un cuento sobre irse pronto a la cama

EL ARBOLITO QUE NO QUERÍA ACOSTARSE TEMPRANO

Sauce era un arbolito pequeño pero fuerte, con una mata de rizos verde claro que se derramaban sobre un lago resplandeciente al borde de un bosque. Llevaba siendo amigo de Viejárbol, que era tan alto como pequeño era él, desde que tenía memoria. Sin embargo, había una cosa de Viejárbol que Sauce no conseguía entender.

—¿Por qué siempre te vas a dormir tan temprano? —le preguntó Sauce a Viejárbol una noche cuando le vio preparándose para irse a la cama—. Cuando sea mayor, quiero acostarme tarde y ver lo que pasa de noche en el bosque.

—La noche es para los animales nocturnos, como los búhos y los murciélagos —le decía Viejárbol a Sauce cada vez que se lo preguntaba—. Nosotros, los árboles, necesitamos dormir. Tenemos que mantener nuestras ramas fuertes para que los pájaros puedan construir sus nidos en ellas. Tenemos que mantener nuestras raíces fuertes para no caernos al lago. Y tenemos que criar muchas hojas para que den cobijo a nuestros amigos los animales que viven en el bosque.

Imaginemos a Sauce y a Viejárbol en el bosque.

USO DE LA IMAGINACIÓN

Quédate lo más calladito que puedas y piensa en Sauce y en Viejárbol. Imagínalos juntos al borde del bosque, a la orilla de un lago resplandeciente.

Piensa en Sauce, con sus largas ramas llenas de verdes hojas rizadas. Ahora imagina a Viejárbol con sus fuertes ramas llenas de hojas marrones, verdes y amarillas. Imagina cómo se mueven sus ramas suavemente al viento.

Sin hablar, intenta mirar más allá de Sauce y Viejárbol.

Imagina el lago resplandeciente frente a Sauce. Imagina que oyes el ruido que hacen los patos aleteando por el lago y el sonido que hace el agua al golpear suavemente la orilla.

Escucha con atención.

Sauce pensó que Viejárbol seguramente tuviera razón, pero era incapaz de dejar de pensar en la cantidad de cosas que pasarían de noche. Todos los años, por su cumpleaños, Sauce pedía el deseo de poder quedarse despierto hasta tarde y ver lo que pasaba durante las horas en las que normalmente dormía.

Año tras año, Sauce pedía el mismo deseo por su cumpleaños. Y por fin llegó el día en que dejó de ser un niño y se convirtió en un árbol adulto.

—¿Qué te gustaría pedir por tu cumpleaños? —le preguntó Viejárbol.

—La verdad es que me gustaría mucho quedarme despierto un rato después de mi hora normal de acostarme. Solo un ratito, para ver qué pasa en el bosque de noche —contestó Sauce después de habérselo pensado bien.

—Muy bien —dijo Viejárbol—. Cuando uno es adulto, debe hacer lo que considera mejor para él o ella. Pero sabes que no te voy a poder acompañar, porque todas las noches me voy a dormir a la misma hora, ¿verdad? De hecho, me voy a acostar dentro de poco.

Viejárbol le dio las buenas noches y comenzó a prepararse para irse a dormir. Cuando mejor duerme el anciano árbol es cuando descansa en una cama de tierra suave y calentita.

Preparémosle el terreno a Viejárbol para que esté calentito y suave.

RELAJACIÓN MUSCULAR

Imagina que tienes tierra en las manos. No hables y túmbate muy quietecito. Quédate todo lo tranquilo y callado que puedas.

Primero, aprieta fuerte las manos para calentar y suavizar la tierra a Viejárbol. Así, muy bien, sigue apretando. La tierra está empezando a estar justo como a Viejárbol le gusta para su cama. Ahora, relaja las manos. Inspira hondo por la nariz y espira por la boca.

Inspira hondo... y suelta el aire despacio. Relájate en cinco, cuatro, tres, dos, uno. Ahora, fíjate en lo adormiladas que se te han quedado las manos.

Ahora te toca apretar la tierra con los pies, para que la que notas bajo los dedos también se quede suave y calentita. Aprieta los pies. Así, sigue apretando.

Ahora, relájalos.

Inspira hondo... y suelta el aire despacio. Relájate en cinco, cuatro, tres, dos, uno. Ahora, fíjate en lo adormilados que se te han quedado los pies.

Por último, aprieta la tierra con el cuerpo entero. Así, sigue apretándola con todo el cuerpo. Muy bien, sigue apretando. Ahora, relájalo.

Inspira hondo... y suelta el aire despacio. Relájate en cinco, cuatro, tres, dos, uno. Ahora, fíjate en lo relajado que se te ha quedado el cuerpo.

Bien hecho. Ya tenemos suficiente tierra calentita para hacer una cómoda cama, perfecta para que Viejárbol pueda dormir en ella.

Aunque quedaban muy pocos días para el cumpleaños de Sauce, la espera se le hizo eterna. Por fin llegó el gran día. Sauce organizó una fiesta e invitó a todas las criaturas del bosque. Ciervos y ardillas, patos y cisnes, pájaros carpinteros y todo tipo de animales se dieron cita alrededor del lago para celebrar el día especial de Sauce.

A medida que se iba haciendo tarde y el sol comenzaba a ponerse tras los árboles los animales del bosque empezaron a frotarse los ojos y a reunirse con sus familias, listos para regresar a sus casas.

—¿Alguien se quiere quedar despierto conmigo para ver qué pasa en el bosque de noche? —preguntó Sauce.

Los animales del bosque sonrieron, pero sacudieron la cabeza para negar.

—Gracias, Sauce, pero es que ya estamos cansados —le dijo uno de los ciervos—. Necesito dormir para poder estar fresco mañana. Mis cervatillos se despiertan en cuanto sale el sol, y necesito tener energías para cuidarlos bien.

Todos los demás animales también le dijeron a Sauce que tenían que volver a casa, a sus cómodas y calientes camitas.

—Da igual —dijo Sauce—. Me quedaré despierto yo solo, aunque sea un rato.

Los animales del bosque se despidieron de él y se marcharon a casa. Viejárbol le deseó a Sauce un muy feliz cumpleaños y se fue también a la cama. Sauce se dio cuenta de que el viento era cada vez más frío y que el cielo comenzaba a oscurecerse. Poco después, ya no veía más que sombras y el único sonido que oía era el rumor de las hojas al moverse de vez en cuando.

El búho, que se despierta de noche y duerme de día, se levantó y salió de un árbol que había por allí cerca. Le sorprendió ver que Sauce seguía despierto.

—¿No estás cansado? —le preguntó el búho a Sauce—. Es tardísimo.

Sauce tuvo que reconocer que tenía un poco de sueño. Se le estaban empezando a caer las ramas y se le estaban cansando las raíces.

—¿Qué pasa en el bosque de noche? —le preguntó Sauce al búho—. Eso es lo que en realidad me gustaría descubrir.

—Bueno —le dijo el búho—, a ti seguramente te cueste verlo, pero ahí fuera hay otros búhos, y murciélagos y muchas otras criaturas nocturnas, y todas hacen sus cosas mientras las criaturas diurnas duermen. Luego, por la mañana, nos vamos a dormir y las criaturas diurnas se despiertan.

Para entonces, Sauce estaba cansadísimo. Miró hacia donde estaba Viejárbol. Estaba profundamente dormido, recuperando fuerzas para el día siguiente.

—Creo que ya va siendo hora de que yo también me vaya a dormir —le dijo Sauce al búho, bostezando—. La verdad es que tengo... mucho... sueño...

Viejárbol, además de un Viejárbol, era muy sabio. Todas las noches se iba a la cama a la misma hora por algo. Ahora que Sauce era una árbol mayor..., bueno, decidió que no le apetecía tanto quedarse despierto hasta tarde. Se acostaría todos los días a la misma hora, a la misma que Viejárbol.

MINDFULNESS

Ahora ha llegado el momento de que tú cierres los ojos. En los próximos minutos te vas a relajar y vas a estar a gusto en un lugar acogedor, igual que Sauce en la hierba.

Intenta ponerte cómodo.

Elige una postura en la que te sientas relajado. Puedes tumbarte de lado o de espaldas. Así, ponte muy cómodo en la cama y relájate.

Apoya la cabeza en la almohada. Piensa atentamente en cómo sientes la almohada bajo la cabeza. No hables, pero tómate un momento para darte cuenta de lo que está pasando aquí y ahora. No hay maneras peores ni mejores de sentirse.

Así, calladito, piensa si tienes frío o calor.

Ahora vamos a pensar en cómo respiras. Quizá notes el aire entrando por tu nariz cuando respiras, o que se te hincha la tripa como un globo y luego se desinfla.

Inspira hondo.
Ahora suelta el aire despacio.
Inspira hondo.
Suéltalo.
Inspira hondo...
y suelta el aire despacio.
Inspira... y suelta el aire.

Muy quietecito, fíjate en cómo notas los brazos. Puede que los notes cansados, o tal vez relajados. Ninguna cosa es mejor que la otra.

Sin moverte, piensa con atención en cómo notas las piernas. Quizá las notes cansadas de correr y moverte todo el día, o tal vez las notes descansadas.

Piensa en lo que está pasando aquí y ahora. Siente el aire entrando en tu tripa y volviendo a salir.

Inspira hondo...
y suelta el aire despacio.
Inspira... y suelta el aire.

Ahora, cuando sientas que estás listo, puedes dormirte.

Buenas noches, arbolito dormilón.

Un cuento sobre cómo relajarse antes de meterse en la cama

LA JIRAFA A LA QUE LE GUSTABA BAÑARSE

Grácil, alta, feliz, fuerte y buena. Así era la jirafa Jimena. Además era preciosa. Pasaba los días corriendo grácilmente por la sabana y comiendo las hojas más jugosas de lo más alto de las copas de los árboles.

Cuando comenzaba a hacerse de noche, Jimena se quedaba contemplando cómo el cielo pasaba del azul al rosa y del rosa al gris, y entonces le entraban unas ganas locas de darse su baño de todas las noches.

Cuando el sol ya casi estaba a punto de desaparecer, Jimena se separaba de las demás jirafas para irse con sus amigos: la elefanta Elena y el hipopótamo Hugo. Juntos se daban un largo baño relajante en las aguas del río. A la jirafa Jimena le encantaba bañarse.

Y aunque a Jimena le encantaba bañarse, había una cosa que le hubiera gustado cambiar: le hubiera gustado poder sumergirse más hondo en el agua. Veía a Elena y a Hugo chapoteando alegremente metidos hasta el cuello en el agua, pero Jimena solo podía salpicar y patalear.

Las otras jirafas se reían cuando la veían chapotear en el agua, que apenas le llegaba a las rodillas.

—¿Una jirafa bañándose? —le preguntaban todas las noches, mientras ellas se quedaban en la orilla, lamiéndose para limpiarse—. ¡Es lo más raro que hemos visto en nuestras vidas!

Pero Jimena se limitaba a sonreír y repetirles lo mismo todas las noches: «Soy un animal de costumbres, y una de las costumbres que más me gustan es darme un largo baño por las noches para relajarme».

Vamos a imaginarnos a Jimena en el río.

USO DE LA IMAGINACIÓN

Quédate lo más calladito que puedas y piensa en Jimena en el río de la sabana. Intenta imaginártela relajándose con sus amigos. Mira más allá del río para ver al resto de jirafas mientras la observan.

Piensa en las estrellas que salen por la noche. Imagina que brillan intensamente, y lo oscuro que está el cielo tras ellas. Fíjate en cómo se va enfriando el aire cuando el día se va convirtiendo en noche.

Ahora piensa en lo tranquila que está la sabana de noche.

La mayoría de los animales ya se están yendo a dormir y lo único que oyes es el sonido del agua fluyendo y las hojas meciéndose suavemente con la brisa.

Escucha con atención.

Un día que Jimena se había pasado un montón de horas con el cuello estirado para llegar a las hojas más jugosas de lo más alto de los árboles, pensó en lo agradable que sería darse un baño bien metida en el agua. Quería que el agua calentita le llegara hasta arriba del cuello, aunque era consciente de que solo le llegaba hasta las rodillas.

—¿Qué pasa? —le preguntó Elena cuando vio que Jimena tenía los párpados entornados y la boca curvada hacia abajo.

—Soy un animal de costumbres, y una de las costumbres que más me gustan es darme un baño hasta el cuello esta noche para relajarme.

Elena miró al cielo. Parecía que las nubes estaban cargadas de agua. Se le ocurrió una idea.

Vamos a ver si conseguimos apretar las nubes para que la lluvia caiga al río y Jimena se pueda dar un baño sumergida hasta el cuello.

RELAJACIÓN MUSCULAR

Imagina que alcanzas a ver las nubes gordas y cargadas de lluvia en el cielo de la sabana. No hables y túmbate muy quietecito. Quédate todo lo tranquilo y callado que puedas.

Primero, aprieta fuerte las nubes con las dos manos. Aprieta muy fuerte para exprimirles el agua, como si fueran una esponja. Así, muy bien, sigue apretando. Está empezando a llover, y el agua está cayendo al río. Ahora, relaja las manos.

Inspira muy hondo por la nariz y suelta el aire despacio por la boca. Inspira hondo... y suelta el aire despacio. Relájate en cinco, cuatro, tres, dos, uno. Ahora, fíjate en lo adormiladas que se te han quedado las manos.

Ahora te toca apretar las nubes con los pies para que siga cayendo lluvia. Aprieta los pies. Así, sigue apretando. Ahora, relájalos.

Inspira hondo... y suelta el aire despacio. Relájate en cinco, cuatro, tres, dos, uno. Ahora, fíjate en lo adormilados que se te han quedado los pies.

Por último, aprieta las nubes con el cuerpo entero para que la lluvia no deje de caer y el río se llene hasta el borde. Aprieta el cuerpo todo lo que puedas para exprimir las últimas gotas de lluvia de las nubes. El río ya está casi lleno. Muy bien, sigue apretando. Ahora, relaja el cuerpo.

Inspira hondo... y suelta el aire despacio. Relájate en cinco, cuatro, tres, dos, uno. Ahora, fíjate en lo relajado que se te ha quedado el cuerpo.

Bien hecho. El río está lleno hasta los bordes de agua de lluvia recién caída para que Jimena y sus amigos se den un baño relajante sumergidos hasta el cuello.

Jimena, Elena y Hugo están contentísimos de que el agua les cubra hasta el cuello para bañarse. Mientras chapotea en el agua, Jimena se fija en lo relajado que nota el cuello.

Antes de salir del río para volver con las demás jirafas, Jimena les dice a sus amigos lo contenta que está:

—Soy un animal de costumbres, y una de las costumbres que más me gustan es el baño que me he dado esta noche sumergida hasta el cuello para relajarme.

Elena y Hugo pensaban lo mismo. Ellos también eran animales de costumbres y el baño de aquella noche les había encantado.

Jimena, Hugo y Elena alzaron la vista hacia el cielo estrellado. Ya iba siendo hora de volver a casa, a dormir.

Jimena salió del agua chapoteando y se acomodó en un lecho de hierba con las demás jirafas. Dejó por fin descansar su espléndido cuello. Tenía las pezuñas cansadas de aguantar sus larguísimas patas, así que las dejó quietecitas y relajadas. Sus pestañas se unieron para cerrarle los párpados.

MINDFULNESS

Ahora ha llegado el momento de que tú cierres los ojos. En los próximos minutos te vas a relajar y vas a estar a gusto en un lugar acogedor, igual que Jimena en la hierba.

Intenta ponerte cómodo.

Elige una postura en la que te sientas relajado. Puedes tumbarte de lado o de espaldas. Así, ponte muy cómodo en la cama y relájate.

Apoya la cabeza en la almohada. Piensa atentamente en cómo sientes la almohada bajo la cabeza. No hables, y tómate un momento para darte cuenta de lo que está pasando aquí y ahora. No hay maneras peores ni mejores de sentirse.

Así, calladito, piensa si tienes frío o calor.

Ahora vamos a pensar en cómo respiras. Quizá notes el aire entrando por tu nariz cuando respiras, o que se te hincha la tripa como un globo y luego se desinfla.

Inspira hondo.
Ahora suelta el aire despacio.
Inspira hondo.
Suéltalo.
Inspira hondo...
y suelta el aire despacio.
Inspira... y suelta el aire.

Muy quietecito, fíjate en cómo notas los brazos. Puede que los notes cansados, o tal vez relajados. Ninguna cosa es mejor que la otra.

Sin moverte, piensa con atención en cómo notas las piernas. Quizá las notes cansadas de correr y moverte todo el día, o tal vez las notes descansadas.

Piensa en lo que está pasando aquí y ahora. Siente el aire entrando en tu tripa y volviendo a salir.

Inspira hondo...
y suelta el aire despacio.
Inspira... y suelta el aire.

Ahora, cuando sientas que estás listo, puedes dormirte.

Buenas noches, jirafita dormilona.

— Un cuento sobre cómo relajarse antes de meterse en la cama —

Un cuento sobre el entorno del sueño

EL CARACOLITO QUE SIEMPRE ESTABA CANSADO

Son los caracoles criaturas lentas y precavidas. El que vamos a conocer hoy lleva siendo lento y precavido toda su vida. Siempre ha cuidado de sus hijos y de su casa, que es la concha que lleva a la espalda.

Con los años su concha ha ido perdiendo color y adoptando una forma un poco rara. Ya no es suave, sino que está llena de bultos y abolladuras. Bultos y abolladuras a porrillo. Pero es muy cómoda, y en ella nunca hace demasiado calor, ni tampoco demasiado frío, y para dormir es agradable y oscura.

El caracolito que siempre estaba cansado

El caracol se llama Ernesto.

—Soy el caracol Ernesto, y soy bueno y cuidadoso —les decía a sus hijos cuando eran pequeños, aunque ya son mayores y ahora tienen sus propias casas y sus propios hijos.

Hoy Ernesto está visitando a su familia y se pasa el día entero jugando con sus hijos y con los hijos de sus hijos.

Cuando sus nietos se hacen una cómoda bolita en sus pequeñas conchas para echarse la siesta después de comer, el hijo mayor de Ernesto se acerca a él arrastrándose.

—Papá —le dice su hijo—, estaba pensando que..., bueno, no sé si te apetece, pero puedo ir un día a verte y arreglarte la concha. Ha perdido mucho color y la tienes un poco deforme. Tiene una pinta un poco...

—Estupenda —termina Ernesto por él, sonriendo—. La palabra que estás buscando es estupenda. Llevo toda la vida cuidándome la concha. Mi concha es mi casa y mi castillo. Para mí, es estupenda.

Cuando el día termina, Ernesto se despide de sus hijos y de sus nietos y emprende el camino de regreso al frondoso árbol en el que duerme todas las noches.

Ahora Ernesto está muy cansado. Se ha pasado el día entero charlando y escuchando, escuchando y charlando, y ahora lo que tiene son muchísimas ganas de relajarse.

Imaginémonos a Ernesto en el camino de regreso a casa.

USO DE LA IMAGINACIÓN

Quédate lo más calladito que puedas y piensa en el caracol Ernesto, que está volviendo al árbol donde pasa todas las noches.

Imagina cómo es la concha descolorida que lleva a la espalda. Quédate quieto y tranquilo e imagina las espirales y las rayas de su concha. Imagina los tonos marrón y naranja descoloridos que la tiñen.

Ahora imagina los cuernos suaves y relucientes de Ernesto. Los tiene caídos porque está muy cansado.

Ahora imagina cómo notará Ernesto el terreno bajo su cuerpo. Habrá partes más lisas y otras llenas de bultos y baches donde haya piedras.

Sin hablar, imagina el cielo sobre Ernesto. El sol está empezando a ponerse, y el cielo está naranja y rojo, y empieza a oscurecerse. Imagina las nubes en el cielo y qué forma tendrán. Intenta imaginar la silueta de la luna. Escucha el ruido de los árboles.

Escucha con atención.

Ernesto siempre ha sido lento y precavido, pero está empezando a moverse más lenta y precavidamente de lo normal. Le cuesta muchísimo seguir avanzando, y la concha le pesa muchísimo a la espalda. Se detiene un momento a descansar.

Ernesto nota una gota de lluvia caer en su concha, y luego otra, y después otra más. Poco después, las gotas empiezan a caer muy rápido y muy fuerte, y a Ernesto le cuesta incluso distinguir el sendero que tiene al frente. Ernesto agacha los cuernos y espera con todas sus fuerzas que pase la lluvia.

Un escarabajo dormido en una rama se despierta al oír la lluvia. Asoma la cabeza de su caparazón y ve a Ernesto.

—¿Estás bien? —pregunta el escarabajo, bostezando, mientras mira a Ernesto—. Te estarás mojando un montón. Tu concha tiene una pinta...

—Estupenda —dice Ernesto, aunque cuesta oírle bajo el ruido de la lluvia al caer contra el suelo—. La palabra que estás buscando es estupenda. Llevo toda la vida cuidándome la concha. Mi concha es mi casa y mi castillo. Para mí, es estupenda.

La lluvia sigue cayendo, cada vez más fuerte y más rápido, más rápido y más fuerte hasta que el escarabajo se encoge de hombros, suspira y se cobija de nuevo en su refugio de la rama caída.

Ernesto avanza lentamente bajo la lluvia, abriéndose camino por el costado del sendero. Allí hay unos cuantos matorrales que le protegen un poco y evitan que la lluvia le golpeé en la cara mientras descansa. Nota que algo, o alguien, lo observa, y alza la vista.

Una araña de patas largas y finas y sonrisa ancha y perezosa se balancea en una rama.

—Hola —dice la araña.

—Hola —responde Ernesto.

—¿Quieres subir y sentarte aquí conmigo? —le pregunta la araña, desperezándose y bostezando, bostezando y desperezándose—. Esta hoja está seca, y podemos hablar un rato.

—No, gracias —responde Ernesto—. Estoy tan cansado que me quedaría dormido inmediatamente.

—Bueno, no pasa nada —dice la araña—. ¿Por qué no vienes y duermes aquí, de todas maneras? Está seco. Y tu concha tiene una pinta un poco...

—Estupenda —responde Ernesto—. La palabra que estás buscando es estupenda. Llevo toda la vida cuidándome la concha. Mi concha es mi casa y mi castillo. Para mí, es estupenda.

—De acuerdo —la araña se encoge de hombros—. Si cambias de opinión, aquí me tienes.

Incluso después de descansar, Ernesto sigue cansado, pero sigue pensado en su frondosísimo árbol. Decide volver a ponerse en marcha y avanzar hasta llegar a él, da igual lo que tarde. Ahora avanza muy despacito. Ernesto está tan cansado..., tan agotado..., tiene tantas ganas de dormir.

Sigue avanzando y, a medida que lo hace, la lluvia amaina un poco hasta convertirse en un leve chispeo. El cielo está cada vez más oscuro y la luna ya ha salido. Al final, gracias al resplandor de la luna, Ernesto ve su frondoso árbol.

Ernesto está contentísimo de haber regresado a su árbol, porque ya casi es hora de irse a dormir. Lee un cuento que narra las aventuras de tres amigos: una tortuga, un perezoso y una babosa.

Vamos a ayudar a Ernesto a prepararse para irse a dormir.

RELAJACIÓN MUSCULAR

Imagina que eres Ernesto, y estás cansadísimo y listo para recoger tu cuerpecito dentro de la concha, que es tu casa y tu castillo. No hables y túmbate muy quietecito. Quédate todo lo tranquilo y callado que puedas.

Primero, prepara las manos para recogerlas y apretarlas dentro de la concha. Haz una bolita con ellas. Así, muy bien, sigue apretando. Ahora, relaja las manos.

Inspira muy hondo por la nariz y suelta el aire despacio por la boca. Inspira hondo... y suelta el aire despacio. Relájate en cinco, cuatro, tres, dos, uno. Ahora, fíjate en lo adormiladas que se te han quedado las manos.

Ahora te toca apretar los pies, para que quepan perfectamente en las abolladuras y los bultos de la concha. Aprieta los pies. Así, sigue apretando.

Ahora, relájalos.

Inspira hondo... y suelta el aire despacio. Relájate en cinco, cuatro, tres, dos, uno. Ahora, fíjate en lo adormilados que se te han quedado los pies.

Por último, aprieta la tierra con el cuerpo entero para que quepa en la concha. Tensa todos los músculos lo más fuerte que puedas. Muy bien, sigue apretando. Ahora, relájalo.

Inspira hondo... y suelta el aire despacio. Relájate en cinco, cuatro, tres, dos, uno. Ahora, fíjate en lo relajado que se te ha quedado el cuerpo.

Bien hecho. Ernesto ahora cabe perfectamente en su concha.

Ernesto está cómodo y seguro. Su concha es muy silenciosa y oscura. No hace ni mucho frío ni tampoco demasiado calor. Siente que se duerme en su camita de concha. Mientras lo hace, piensa en la suerte que tiene de tener un lugar tan cómodo y agradable para dormir.

—Habrá quien piense que tengo la concha hecha un desastre —se susurra a sí mismo Ernesto, adormilado—, pero para mí es perfecta. Llevo toda la vida CUIDÁNDOLA. Mi concha es mi casa y mi castillo. Para mí, es estupenda.

MINDFULNESS

Ahora ha llegado el momento de que tú cierres los ojos. En los próximos minutos te vas a relajar y vas a estar a gusto en un lugar acogedor, igual que el caracol Ernesto.

Intenta ponerte cómodo.

Elige una postura en la que te sientas relajado. Puedes tumbarte de lado o de espaldas. Así, ponte muy cómodo en la cama y relájate.

Apoya la cabeza en la almohada. Piensa atentamente en cómo sientes la almohada bajo la cabeza. No hables y tómate un momento para darte cuenta de lo que está pasando aquí y ahora. No hay maneras peores ni mejores de sentirse.

Así, calladito, piensa si tienes frío o calor.

Ahora vamos a pensar en cómo respiras. Quizá notes el aire entrando por tu nariz cuando respiras, o que se te hincha la tripa como un globo y luego se desinfla.

Inspira hondo.
Ahora suelta el aire despacio.
Inspira hondo.
Suéltalo.
Inspira hondo...
y suelta el aire despacio.
Inspira... y suelta el aire.

Muy quietecito, fíjate en cómo notas los brazos. Puede que los notes cansados, o tal vez relajados. Ninguna cosa es mejor que la otra.

Sin moverte, piensa con atención en cómo notas las piernas. Quizá las notes cansadas de correr y moverte todo el día, o tal vez las notes descansadas.

Piensa en lo que está pasando aquí y ahora. Siente el aire entrando en tu tripa y volviendo a salir.

Inspira hondo...
y suelta el aire despacio.
Inspira... y suelta el aire.

Ahora, cuando sientas que estás listo, puedes dormirte.

Buenas noches, caracolito dormilón.

Un cuento sobre los beneficios del sueño

EL CERDITO QUE NECESITABA DORMIR

Pablo era un cerdito rechoncho y precioso. Tenía más o menos el tamaño de un gato, el pelaje erizado y era muy guapo. Tenía unas patitas pequeñísimas y la panza le colgaba tanto que casi rozaba el suelo. Vivía con la abuelita Chancha en las montañas.

Imaginemos al cerdito Pablo.

USO DE LA IMAGINACIÓN

Quédate lo más calladito que puedas y piensa en Pablo y su montaña. Imagina que las nubes coronan la cima de las montañas y proyectan largas sombras en el suelo.

Imagina a Pablo sentado con la abuela Chancha. Imagina lo áspera que tendrá la piel, cubierta de cerdas duras. Imagina que le acaricias la cabecita con cuidado.

Ahora imagina la montaña. Imagínate un sendero de grava que sube por ella y praderas de hierba de distintos tonos de verde y marrón. Imagina el verdor de las plantas y los árboles que rodean las praderas.

Imagina cómo sería respirar este aire tan fresco.

Sin hablar, alza la vista hacia el cielo azul. Está plagado de nubes blancas y esponjosas. Escucha el sonido de la brisa.

Escucha con atención.

Un cuento sobre los beneficios del sueño

Pablo era un cerdito feliz, y lo que más feliz le hacía era cocinar. Desde lechón, le encantaba comer y cocinar. La abuela Chancha era una excelente cocinera, y él pasaba mucho tiempo aprendiendo de ella y ayudándola en la cocina.

Todos los años, la abuela Chancha organizaba un gran banquete para todos los animales de la montaña, y siempre elegía a uno de sus nietos para que preparara la comida. A todos los hermanos y hermanas de Pablo ya les había tocado su turno, pero a él todavía no. Soñaba con el día que le encargaran organizar el gran banquete a él, pero ese día parecía no llegar nunca.

Entonces un día, justo antes del banquete, la abuela Chancha se dirigió a él con una sonrisa.

—Este año te toca a ti cocinar solito el gran banquete —dijo.

Pablo se puso a dar saltos de alegría.

—Ay, gracias —dijo con una sonrisa tan amplia que casi no se le veían los ojillos, relucientes y bondadosos.

Pablo se puso manos a la obra inmediatamente y se pasó el día buscando comida y recogiendo semillas. Cortó, trituró, molió, coló, batió y horneó.

Cuando terminó, había preparado un banquete tan increíble que los animales de la montaña iban a estar los cinco próximos años hablando de él. Pero todavía le quedaba una cosa que hacer. Todavía no había terminado de preparar el pan de semillas, que era el plato que mejor le salía.

—¿Has terminado ya el pan de semillas? —le preguntó la abuela Chancha.

—¡Todavía no! —dijo Pablo—. La masa no ha subido. Parece que hoy no tiene ganas.

La abuela Chancha fue a echarle un vistazo a la masa del pan de semillas. Pablo tenía razón en que la masa no había crecido mucho.

—Tienes que amasarla bien para que suba —le dijo la abuela Chancha.

Ayudemos a Pablo a amasar el pan.

RELAJACIÓN MUSCULAR

Imagina que tienes una bola de masa suave y calentita en las manos. No hables y túmbate muy quietecito mientras te preparas para amasarla. Quédate todo lo tranquilo y callado que puedas.

Primero, aprieta las manos todo lo que puedas, estrujando la masa entre los dedos. Así, muy bien, sigue apretando. La masa está empezando a ablandarse. Ahora, relaja las manos.

Inspira muy hondo por la nariz y suelta el aire despacio por la boca. Inspira hondo... y suelta el aire despacio. Relájate en cinco, cuatro, tres, dos, uno. Ahora, fíjate en lo adormiladas que se te han quedado las manos.

Ahora tienes que amasar el pan con los pies. Aprieta con fuerza para que la masa crezca. Aprieta los pies. Así, sigue apretando. Ahora, relájalos.

Inspira hondo..., y suelta el aire despacio. Relájate en cinco, cuatro, tres, dos, uno. Ahora, fíjate en lo adormilados que se te han quedado los pies.

Por último, amasa el pan con el cuerpo entero tensando los músculos lo máximo que puedas. Tienes que hacer toda la fuerza posible con ellos. Apriétalos muy muy fuerte. Siente el cuerpo fuerte. Muy bien, sigue apretando. Ahora, relaja el cuerpo.

Inspira hondo..., y suelta el aire despacio. Relájate en cinco, cuatro, tres, dos, uno. Ahora, fíjate en lo relajado que se te ha quedado el cuerpo.

Bien hecho. El pan está bien amasado y la masa lista para crecer.

La masa tenía una pinta estupenda. Cuando el pan estuvo listo, Pablo y la abuela Chancha llamaron a los demás animales y todos disfrutaron de las delicias que el cerdito había preparado. La abuela Chancha y los demás animales felicitaron a Pablo, al que nombraron Mejor Cocinero del Reino.

Cuando todos los animales hubieron terminado hasta con el último bocado y se marcharon, Pablo se acostó de lado para descansar.

—¿Estás bien? —preguntó la abuela Chancha con una sonrisa de orgullo.

—Estoy bien, pero me noto un poco lento. Tengo la panza llena y me arrastra.

La abuela Chancha estuvo un rato pensando.

—Bueno, es que has estado probando las raíces, las bayas y las semillas que necesitabas para el Gran Banquete —le dijo—. Cuando sea de noche, dormir le dará a tu barriguita el descanso que necesita y la comida se convertirá en energía.

A Pablo aquello le pareció maravilloso. Le encantaba pensar que la comida se convertía en energía.

Pablo dio un enorme bostezo.

—¿Estás cansado? —preguntó la abuela Chancha.

—Estoy bastante cansado. Tengo la cabeza y la mente lentos, y siento como mis pensamientos no fluyen —dijo Pablo.

La abuela Chancha estuvo un rato pensando.

—Bueno, es que llevas todo el día pensando en recetas —dijo—. No me extraña que tengas la cabeza cansada.

La abuela Chancha miró al cielo y vio el sol ponerse tras la cima de una montaña.

—Ya casi es de noche —dijo—, y muy pronto podrás irte a la cama y descansar esa cabezota agotada. Dormir te ayudará a aprender y recordar cosas. Por la mañana, cuando te despiertes, igual se te ocurren ideas de nuevas chucherías con las que sorprender a tus amigos.

Pablo estuvo un rato pensando. Le gustaba la idea de dormir y descansar la cabeza, que notaba cansadísima.

—Es más —dijo la abuela Chancha—, dormir te ayuda a crecer, igual que ese delicioso pan de semillas que nos preparaste antes. Te ayuda a crecer y a hacerte alto y fuerte. Las cosas mejoran un montón cuando duermes.

Pablo se quedó pensando un rato en aquello. Su abuela llevaba razón: le gustaría ser un poco más alto y tener las patas un poco más fuertes, para que no se le cansaran tanto después de trotar todo el día.

Pablo decidió que dormir era muy buena idea, pero como todavía no era hora de irse a acostar decidió pasar la última parte del día recordando el fantástico banquete que había compartido con sus amigos y pensando en lo feliz que era. Así que se puso cómodo en la cama y cerró los ojos.

MINDFULNESS

Ahora ha llegado el momento de que tú cierres los ojos. En los próximos minutos te vas a relajar y vas a estar a gusto en un lugar acogedor, igual que Pablo en su cama.

Intenta ponerte cómodo.

Elige una postura en la que te sientas relajado. Puedes tumbarte de lado o de espaldas. Así, ponte muy cómodo en la cama y relájate.

Apoya la cabeza en la almohada. Piensa atentamente en cómo sientes la almohada bajo la cabeza. No hables, pero tómate un momento para darte cuenta de lo que está pasando aquí y ahora. No hay maneras peores ni mejores de sentirse.

Así, calladito, piensa si tienes frío o calor.

Ahora vamos a pensar en cómo respiras. Quizá notes el aire entrando por tu nariz cuando respiras, o que se te hincha la tripa como un globo y luego se desinfla.

Inspira hondo.
Ahora suelta el aire despacio.
Inspira hondo.
Suéltalo.
Inspira hondo...
y suelta el aire despacio.
Inspira... y suelta el aire.

Muy quietecito, fíjate en cómo notas los brazos. Puede que los notes cansados, o tal vez relajados. Ninguna cosa es mejor que la otra.

Sin moverte, piensa con atención en cómo notas las piernas. Quizá las notes cansadas de correr y moverte todo el día, o tal vez las notes descansadas.

Piensa en lo que está pasando aquí y ahora. Siente el aire entrando en tu tripa y volviendo a salir.

Inspira hondo...
y suelta el aire despacio.
Inspira... y suelta el aire.

Ahora, cuando sientas que estás listo, puedes dormirte.

Buenas noches, cerdito dormilón.

CONSEJOS PARA DORMIR MEJOR Y MÁS RELAJADAMENTE

Seguro que habéis recibido muchos consejos para que la hora de acostarse sea una experiencia más positiva y para que durmáis mejor vosotros y vuestro hijo. Algunos de estos consejos tienen fundamento científico, y otros vienen refrendados por los libros que se mencionan aquí. Sin duda hay que tener en cuenta que cada familia es única y que sois vosotros, los padres, quienes tenéis que decidir si los consejos que se enumeran a continuación son o no útiles.

1. Cuidar la alimentación

Hay muchos alimentos que se consideran soporíferos, por ejemplo, la leche tibia o las guindas. Es una creencia que tiene cierta lógica, ya que hay alimentos que contienen, de manera natural, sustancias que inducen a nuestro cuerpo a pensar que es momento de dormirse, como la melatonina (la «hormona de la oscuridad»). No está probado que consumir dichos alimentos tenga un impacto definitivo en el sueño. En cambio, conviene más centrarse en lo que se debería evitar. La cafeína es el ejemplo clave y puede afectar al sueño mucho después de haberla consumido. Si bien es poco probable que los niños consuman café, conviene recordar que muchos otros alimentos contienen cafeína, como los refrescos de cola o el chocolate, que deberían evitarse.

2. Mantenerse fresco

La temperatura corporal desciende de manera natural cuando llega la noche y un ambiente fresco pero confortable es propicio para un buen descanso. Esto puede parecer contrario al deseo de darse un baño caliente antes de acostarse, pero no lo es. Cuando nos damos un agradable baño de agua caliente, nuestros vasos se dilatan y la sangre fluye a la superficie de la piel. Al salir del baño, el aire fresco baja la temperatura de la sangre y perdemos calor.

3. Apagar las luces

Cuando oscurece, nuestro cuerpo libera melatonina, la «hormona de la oscuridad». Esto hace que tengamos la sensación de que es hora de irse a dormir. La luz intensa puede interrumpir este proceso y, por lo tanto, impedir que conciliemos el sueño. Por este motivo, cuando llegue la hora de acostar a un niño, conviene atenuar la luz lo máximo posible cerrando cortinas y bajando persianas y evitar el uso de dispositivos electrónicos que emitan luz.

4. Recordar las reglas básicas del moldeamiento

Una regla básica del moldeamiento es reforzar las cosas que nos gustan. Hay que hacer hincapié en no reforzar por error comportamientos que no nos gusten. Por ejemplo, si se prefiere que el niño duerma toda la noche en su cama, se puede usar una tabla o un calendario en el que se marquen con pegatinas los días que se ha conseguido dicho logro para reforzarlo. Si el niño o la niña se despierta por la noche sin motivo, conviene no recompensar dicho comportamiento permitiéndole jugar o divertirse con aquellos que aún están despiertos.

5. Ser estricto con los horarios

Nuestros procesos fisiológicos se rigen por una especie de «reloj biológico». Por ejemplo, los parámetros de temperatura corporal, secreción de melatonina y niveles de alerta se modifican de manera natural a lo largo del día y de la noche. Esto quiere decir que hay momentos del día que estamos más predispuestos al sueño que otros. Si mantenemos una regularidad a la hora de acostarnos y de levantarnos, ayudamos a nuestro cuerpo a identificar el momento de dormir y, en consecuencia, a prepararse para ello.

6. Acostarse temprano

Hay ciertas pautas para conciliar el sueño que señalan que la mayoría de los niños de edades comprendidas entre los 3 y los 5 años deben dormir entre 10 y 13 horas al día, mientras que los de edades comprendidas entre los 6 y los 13 deben dormir entre 9 y 11 horas. La mayoría de los niños no duermen lo suficiente, lo que puede ocasionarles problemas durante el día. Una buena manera de asegurarse de que un niño duerme lo suficiente es acostarlo temprano. La hora de despertarse suele ser fija (hay que levantarse para ir a trabajar o para ir al colegio) y ciertas investigaciones concluyen, como era de esperar, que los niños que se van a dormir temprano duermen más.

7. Pero tampoco demasiado

Lo natural es que alguien se vaya a dormir cuando está cansado. Si eso no ocurre, es probable que no se pueda dormir, a pesar de haberse acostado. Esto puede convertirse en un problema de conciliación del sueño si se empieza a asociar el hecho de estar en la cama con estar estresado o ansioso. A los padres tal vez les cueste darse cuenta de cuándo están sus hijos cansados, ya que, a diferencia de lo que sucede con los adultos, los niños pueden mostrarse alterados cuando están cansados. Se pueden hacer pruebas: establecer una hora fija para ir evaluando cuál es la mejor hora y comprobar si hay que adelantarla o atrasarla. No hay que olvidar que las necesidades del sueño van variando a medida que los niños se van haciendo mayores.

8. Nada de dispositivos electrónicos

La gran mayoría de los niños tienen aparatos electrónicos en sus dormitorios. Entre estos se incluye una gran variedad de dispositivos, desde tabletas a teléfonos móviles. Dichos dispositivos suelen emitir luz azul, muy perjudicial para la capacidad de nuestro cuerpo de segregar melatonina, lo que a su vez nos impide conciliar el sueño. Casi todos se pueden programar en modo nocturno, pero incluso en esta modalidad, pueden provocar una sobreexcitación (ya que siguen emitiendo ruido) y generar una alerta innecesaria antes de conciliar el sueño. Lo ideal es apagarlos bastante antes de que sea momento de acostarse y mantenerlos fuera de la habitación.

9. No asociar el sueño con un momento negativo o triste

Los adultos suelen considerar que dormir es un premio. Sería ideal que los niños tuvieran la misma percepción y, para ello, conviene evitar que asocien el momento de dormir con algo triste o negativo. Por ejemplo, no sería buena idea mandar a un niño a dormir por haber hecho algo mal, ni recompensarlo con quedarse despierto hasta tarde por haber hecho algo bueno. Esto refuerza la idea de que dormir es un castigo y estar despierto un premio. Hay que tratar también de evitar asociar el sueño a la muerte. Conviene no decirle a un niño que alguien que ha fallecido está descansando o durmiendo, ya que esto puede convertir el sueño en una experiencia que genere miedo.

10. Disfrutar de la tranquilidad del dormitorio

Hay investigaciones que sugieren que se duerme mejor con sábanas limpias, así como que la calidad del aire influye en la calidad del sueño. También conviene evitar el estrés por la noche. Generar o exponerse a situaciones de tensión a la hora de irse a la cama puede influir en los niveles de cortisol, la hormona del estrés, y no contribuye a que el sueño sea de calidad, por lo que conviene evitarlo a toda costa. Es importante tener claras las expectativas sobre el comportamiento de vuestro hijo cuando llega el momento de acostarse, siendo firmes en el modo de afrontar la situación. Por muy difícil que os lo ponga, hay que intentar siempre mantener la calma y poner cuidado en no alzar la voz.

PREGUNTAS Y RESPUESTAS

Cada niño es único y responderá de una manera distinta a los relatos de este libro. Cuando realizamos el primer estudio sobre *La piedrecita dormilona* recibimos comentarios muy positivos. También hubo otros que no lo fueron tanto e incluso hubo padres que nos contaron que les había costado que sus hijos se quedaran en silencio y escucharan el cuento. Hemos usado estas respuestas como base para la siguiente sección de dudas. Esperamos que esta sección os sirva de ayuda si encontráis algún problema a la hora de leer las historias de este libro a vuestros hijos.

¿Qué edad debe tener mi hijo para utilizar este libro?

En nuestro estudio piloto, se leyó un cuento de este libro a niños de entre 3 y 11 años de edad. Se llegó a la conclusión de que el libro había tenido un efecto positivo en el sueño de niños de diferentes edades, aunque no en todos los sujetos del estudio. Algunos elementos de los cuentos tendrán un impacto distinto dependiendo de la edad del niño o la niña. Por ejemplo, un niño de 5 años no se involucrará en las tareas de uso de la imaginación de la misma manera que otro de 11, pero seguramente sí pueda realizar los ejercicios de mindfulness (una técnica que se usa en alumnos de preescolar). Omitid con libertad las partes que no consideréis apropiadas para la edad de vuestros hijos.

A mi hijo le cuesta conciliar el sueño. ¿Puedo usar este libro como alternativa a la ayuda de un profesional?

Este libro no pretende reemplazar opiniones ni consejos médicos. Si vuestro hijo está teniendo problemas para dormir recomendamos acudir primero a un profesional sanitario.

Mi hijo no quiere tumbarse en la cama ni quedarse quieto. ¿Qué debería hacer?

El esfuerzo se debe centrar en generar un ambiente tranquilo a la hora de acostarse (ver los consejos de las páginas 76-79 para conseguirlo). Sin embargo, las primeras veces que el niño o la niña escuche este cuento tal vez prefiera mirar las ilustraciones y hacer preguntas sobre el argumento. A continuación, se le puede explicar que es un libro pensado para ayudarles a relajarse y favorecer la tranquilidad y la calma mientras lo escuchan. Es importante evitar tener conflictos con los niños antes de irse a la cama, de modo que si su hijo no quiere acostarse y prefiere escuchar el cuento sentado, no pasa nada. Conviene, eso sí, conseguir que se mantenga quieto en las partes dedicadas a la relajación.

Tengo más de un hijo, y los niños se alteran cuando están juntos en la misma habitación. ¿Cómo puedo abordar la situación?

Sería bueno que pudierais organizaros para poder escalonar la hora de acostarse de cada uno por separado y que cada niño escuche el cuento por su lado, con el fin de evitar que los niños se sobreestimulen mutuamente. Pero si no se pudiera (por ejemplo, porque es imposible no atender a uno de los niños), intentad que la rutina sea lo más apacible posible, aplicando alguno de los consejos de las páginas 76-79 de este libro. Explicar que deberían intentar ignorar lo que otros niños podrían estar haciendo durante el cuento también ayuda.

A mi hijo no terminan de interesarle los cuentos ni las técnicas para conciliar el sueño. ¿Debería seguir leyéndoselo?

Se le puede explicar que es un cuento para ayudarle a relajarse y que por eso quizá no parezca tan emocionante como otras historias a las que está acostumbrado. Si lo que no le gusta es un cuento en concreto del libro, se puede elegir uno distinto. Sin embargo, si cualquiera de las historias o las técnicas para conciliar el sueño que contiene el volumen lo alteran, se recomienda dejar de leer.

Desde que le leo estos cuentos, mi hijo no concilia el sueño antes de lo que solía hacerlo. ¿Debería seguir leyéndoselos?

Si a vuestro hijo le gusta el libro, podéis seguir leyéndoselo antes de irse a dormir aunque no le sirvan para relajarse. A algunos niños tal vez les lleve una noche o dos acostumbrarse a los cuentos y a que las técnicas propuestas funcionen. El patrón de sueño infantil puede cambiar de una noche para otra, pero si os parece que el libro no es de utilidad, dejad de usarlo.

¿Tengo que emplear las técnicas tal y como se enumeran en este libro?

Las técnicas que contiene este libro se han desarrollado y perfeccionado en función de las edades de los niños que formaron parte del estudio y en los comentarios recibidos de sus familias y expertos en el ámbito del sueño. Sin embargo, hay quien podría preferir adaptarlas para que se ajusten a un niño en concreto. Hay padres a los que les gusta explicar las palabras que puedan resultar extrañas para su hijo o sustituirlas por otras que consideren que pueden comprender mejor. Los niños mayores tal vez aprecien más detalles cuando imaginen escenas (por ejemplo, en *La piedrecita dormilona* se les puede pedir que imaginen el sabor de la sal en sus labios). Con los más pequeños, tal vez funcione un imaginario más sencillo. Hemos intentado que las secciones de relajación muscular sean breves, pero desde luego que se puede aplicar a otras partes del cuerpo (sobre todo para niños mayores), como el rostro y los hombros, o eliminar pasos si resulta demasiado largo. Hay padres a los que les gusta insertar estas técnicas sugeridas en sus propios cuentos.

A mi hijo le gustaría conocer más detalles del cuento y saber por qué estamos usando estas técnicas para dormir. ¿Qué debería decirle?

Que un niño se interese en la ciencia en la que se basan las técnicas para conciliar el sueño es muy bueno. Dependiendo de su edad y su nivel de comprensión, se puede satisfacer su curiosidad durante el día, o justo antes de comenzar a contarle el cuento. Se le puede hablar de las técnicas y de lo importante que es permitir que el cuerpo y la mente se relajen antes de irse a dormir. Sin embargo, al comenzar a contar el cuento, y sobre todo después de habérselo leído un par de veces, conviene intentar que estén quietos y callados y que escuchen el relato.

En lugar de relajarse, mi hijo se fija en las ilustraciones. ¿Cuál es la mejor manera de pedirle que cierre los ojos?

Los niños seguramente quieran ver todas las ilustraciones del libro. Después de habérselo leído un par de veces, conviene pedirles que cierren los ojos a medida que avanza la historia. Las ilustraciones del libro están orientadas a que el niño se relaje, no para estimularlo.

A mi hijo se le hacen demasiado largos los cuentos. ¿Qué me recomiendan?

El uso de este libro no debería alargar el momento de irse a dormir. Quizá convendría centrarse en reducir el tiempo dedicado a otros aspectos de la rutina (por ejemplo, cambiar un cuento por otro). Este volumen contiene unas historias más largas que otras. *El cerdito que necesitaba dormir* y *El caracolito que siempre estaba cansado* son las más largas. No pasa nada por acortar ciertas partes si a un niño en concreto le resultan demasiado largas.

Agradecimientos

A la primera persona a la que nos gustaría darle las gracias por su entusiasmo en el proyecto, desde sus inicios, es a Sam Arthur, que fue quien presentó a las autoras y a la ilustradora, y por su inestimable ayuda a lo largo de todo el proceso. Gracias a Joanna McInerney por la excelente edición realizada, así como a todo el equipo de Nobrow. Le estamos particularmente agradecidas a todos los expertos (personal sanitario especializado en ciencia del sueño, psicólogos clínicos, médicos, expertos en mindfulness y otras disciplinas) por inspirarnos y por sus valiosísimas apreciaciones y comentarios sobre este proyecto. Aquí se incluyen, aunque no son los únicos, la doctora Candice Alfano, Daniel Buysse, Catherine Crane, Colin Espie, Erika Forbes, Lucy Foulkes, Lorna Goddard, Allison Harvey, Erin Leichman, Lisa Meltzer, Jodi Mindell, Faith Orchard, Luci Wiggs y Michael Grandner. Gracias también a Fiona Ball, Sara y Matt Hunt y Robert Grieves, así como a Jenny Stock, Kitty Travers, Rebecca Mitchell, Rachel Jupp, Jim Martin, Ciara Bird, Sarah Aarons y Brian Sharpless. También damos las gracias a todas las familias que se prestaron a participar en el estudio piloto: sus comentarios nos han sido de lo más útil a la hora de escribir y desarrollar los cuentos y las técnicas de este libro.

Alice quiere añadir un agradecimiento personal a su familia, sus amigos y sus colegas. Son demasiados para mencionarlos a todos, pero particularmente a Paul (Wolf), Gerry y Joanna Gregory, Pat y Brian Heaps, Gerry Girou, Chris Bird, Lynne Wake, James Smithies, Rashad Braimah, Gabrielle Esu, Essi Viding, Thalia Eley, Mary Anderson-Ford, Maria Napolitano, Ana Richmond, Jason Ellis, Amber Gibbon, Chris French, Anna Gregory, Joe Shrapnel, Briony Weale, Ed Horrox, Terrie Moffitt y Avshalom Caspi. Y un agradecimiento muy especial a la nueva generación que le ha inspirado este libro: sus hijos Hector y Orson, sus sobrinos Holden y Harlan, así como Felix, Andre, William, Harry, Toby y la pequeña Alice.

A **Christy** le gustaría agradecer sobre todo a su familia: Paul, Harry, Toby y Alice, y también a Julia y Roger Kirkpatric, Amanda y Malcolm Wood y Mary y Michael Grigg, Mark Grigg y Mishka Diaz-Grigg y Sandra y Rory Burke. Además quiere dar las gracias a sus amigos del alma Gemma Guyett, Nicola Parr, Vanessa Frances, Kim Bax, Ann Radford, Steve y Jo Pinches, Kath Jackson, Daryl Nilbert y Rachel Nasrallah. También le está muy agradecida a sus sobrinas y sobrinos: William, Eva, Daniel, Jemima y Zac, y le manda recuerdos y amor a Lucy. Gracias también a Eva, Bede, Hector y Orson.

SOBRE LAS AUTORAS

Sobre las autoras

Alice Gregory

La profesora Alice Gregory investiga el sueño desde hace más de dos décadas y ha publicado más de cien artículos sobre ello. Finalizó sus estudios con matrícula de honor en la *University of Oxford* de Reino Unido. Después de pasar un año en Japón, Alice se centró en trabajar en su Doctorado en el Instituto de Psiquiatría de Londres. Actualmente es profesora de psicología en *Goldsmisths de la Universidad de Londres*. Alice es, además, autora del popular libro científico: *Nodding Off: The Science of Sleep from Cradle to Grave* y trabaja regularmente en la revista *BBC Science Focus*. También ha escrito varios artículos para *The Guardian*, *Balance* y *GQ*. Además, ha escrito artículos con The Conversation, que han sido republicados en varios medios, como *Sud Ouest* y *The Independent*, y que han sido leídos más de un millón de veces. Lo que más feliz le hace es pasar tiempo con su familia.

Christy Kirkpatrick

Christy Kirkpatrick es escritora de libros infantiles. Christy se graduó con matrícula de honor en la *University of Warwick*, de Reino Unido, antes de cursar sus estudios de máster sobre Modernismo Inglés en la *Royal Holloway*, de la Universidad de Londres. Después comenzó a preparar su doctorado sobre la literatura inglesa de comienzos del siglo XX, también en la *Royal Holloway* de la Universidad de Londres. Christy llevaba más de una década trabajando en diversas publicaciones, tanto académicas como educativas, antes de convertirse en escritora. Ha publicado libros infantiles para niños, profesores y padres en grandes editoriales y tiene particular interés por la fonética y el aprendizaje temprano, el sueño y las necesidades educativas especiales. Vive con su marido y sus tres hijos.

Sobre la ilustradora

Eleanor Hardiman

Eleanor Hardiman es una ilustradora y diseñadora afincada en Bristol. Trabaja principalmente la acuarela, con la que crea obras que desprenden serenidad, al tiempo que son distintivas y modernas. Eleanor trabaja, de forma frecuente, para diversas editoriales internacionales, portadas de revistas y proyectos de publicidad en todo el mundo.